sekolah - mokykla	2
berjalan - kelionė	5
pengangkutan - transportas	8
bandar - miestas	10
landskap - kraštovaizdis	14
restoran - restoranas	17
pasar raya - prekybos centras	20
minuman - gėrimai	22
makanan - maistas	23
ladang - ūkininko ūkis	27
rumah - namas	31
ruang tamu - svetainė	33
dapur - virtuvė	35
bilik air - vonios kambarys	38
bilik kanak-kanak - vaiko kambarys	42
pakaian - drabužis	44
pejabat - biuras	49
ekonomi - ekonomika	51
pekerjaan - profesijos	53
alat - įrankiai	56
alat muzik - muzikos instrumentai	57
zoo - zoologijos sodas	59
sukan - sportas	62
aktiviti - užsiėmimai	63
keluarga - šeima	67
badan - kūnas	68
hospital - ligoninė	72
kecemasan - nelaimingas atsitikimas	76
bumi - Žemė	77
jam - laikrodis	79
minggu - savaitė	80
tahun - metai	81
bentuk - formos	83
warna - spalvos	84
berlawanan - priešingos reikšmės žodžiai	85
nombor - skaičiai	88
bahasa-bahasa - kalbos	90
siapa / apa / bagaimana - kas / ką / kaip	91
di mana - kur	92

Impressum
Verlag: BABADADA GmbH, Nedderfeld 112 , 22529 Hamburg
Geschäftsführer / Verlagsleitung: Harald Hof
Druck: Books on Demand GmbH, In de Tarpen 42, 22848 Norderstedt

Imprint
Publisher: BABADADA GmbH, Nedderfeld 112 , 22529 Hamburg, Germany
Managing Director / Publishing direction: Harald Hof
Print: Books on Demand GmbH, In de Tarpen 42, 22848 Norderstedt, Germany

sekolah
mokykla

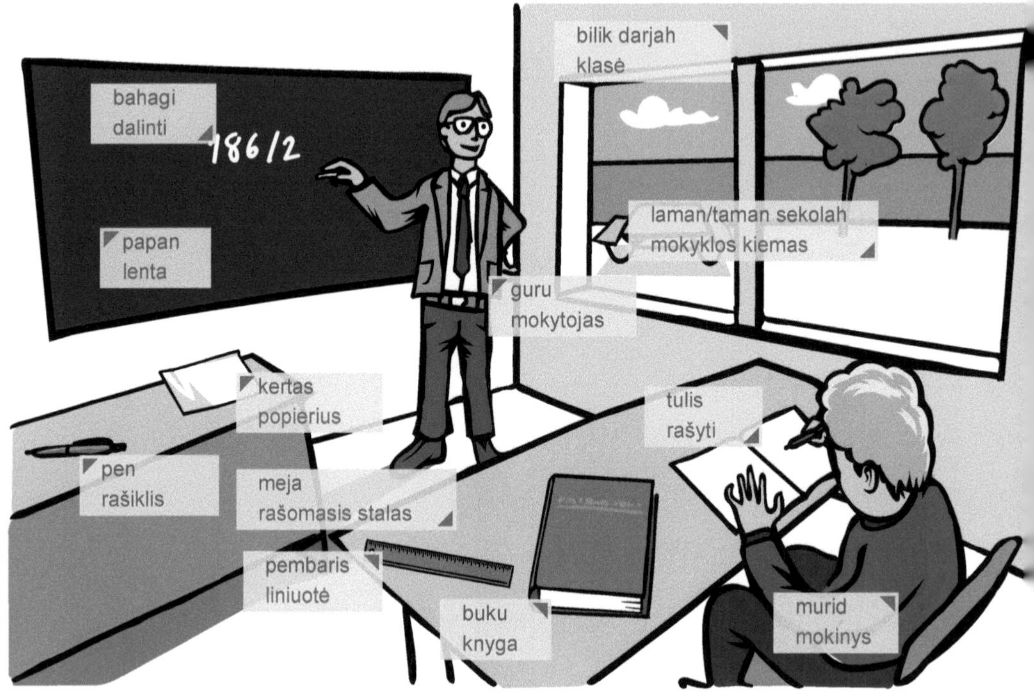
bilik darjah
klasė
bahagi
dalinti
186/2
papan
lenta
laman/taman sekolah
mokyklos kiemas
guru
mokytojas
kertas
popierius
tulis
rašyti
pen
rašiklis
meja
rašomasis stalas
pembaris
liniuotė
buku
knyga
murid
mokinys

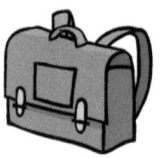

beg galas

kuprinė

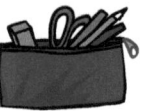

kotak pensel

penalas

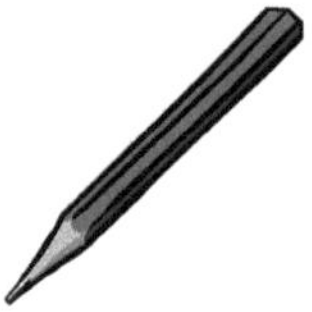

pensel

pieštukas

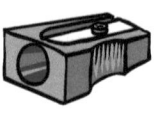

pengasah pensel

drožtukas

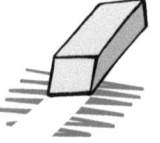

pemadam

trintukas

kertas lukisan

piešimo bloknotas

melukis
piešinys

berus lukis
teptukas

kotak warna
dažų dėžutė

gunting
žirklės

gam
klijai

buku latihan
vadovėlis

kerja rumah
namų darbai

12

nombor
numeris

2+2

tambah
pridėti

5-2

tolak
atimti

2×2

darab
dauginti

kira
skaičiuoti

A

huruf
raidė

ABCDEFG HIJKLMN OPQRSTU VWXYZ

abjad
abėcėlė

kata
žodis

teks
....
tekstas

baca
....
skaityti

kapur
....
kreida

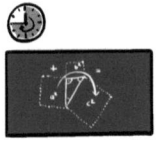

pelajaran
....
pamoka

daftar
....
dienynas

peperiksaan
....
egzaminas

sijil
....
pažymėjimas

uniform sekolah
....
mokyklinė uniforma

pendidikan
....
išsilavinimas

ensiklopedia
....
enciklopedija

universiti
....
universitetas

mikroskop
....
mikroskopas

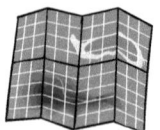

peta
....
žemėlapis

bakul sampah
....
šiukšliadėžė

4

sekolah - mokykla

berjalan
kelionė

hotel
viešbutis
Grand
asrama
svečių namai
ROOMS
pejabat tukaran mata wang
valiutos keitykla
CHANGE
beg pakaian
lagaminas
kereta
mašina

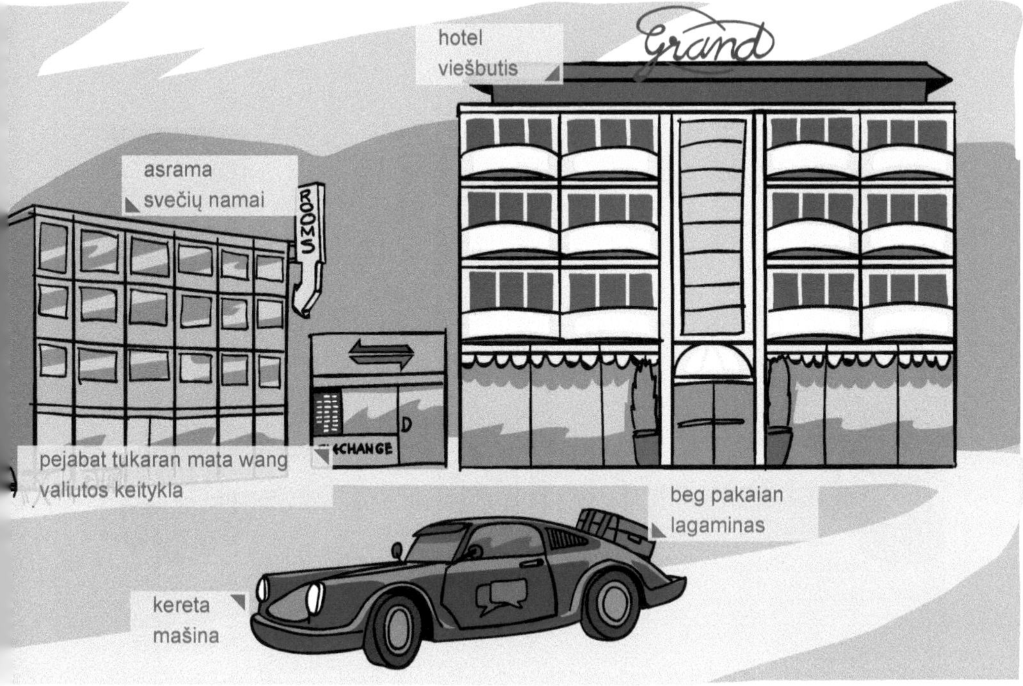

bahasa
kalba

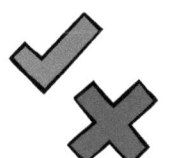

ya / tidak
taip / ne

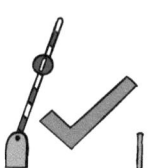

okey
Gerai

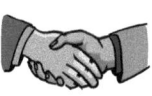

helo
sveiki

penterjemah
vertėjas raštu

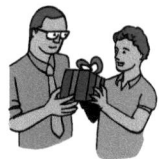

Terima kasih
Ačiū

berapa banyak...?

kiek kainuoja...?

saya tidak faham

aš nesuprantu

masalah

problema

Selamat petang!

Labas vakaras!

Selamat Pagi!

Labas rytas!

Selamat Malam!

Labos nakties!

selamat tinggal

viso gero

arah

kryptis

bagasi

bagažas

beg

krepšys

beg galas

kuprinė

tetamu

svečias

bilik tidur

kambarys

beg tidur

miegmaišis

khemah

palapinė

berjalan - kelionė

maklumat pelancong

turizmo informacija

pantai

paplūdimys

kad kredit

kreditinė kortelė

sarapan

pusryčiai

makan tengah hari

pietūs

makan malam

vakarienė

tiket

bilietas

lif

liftas

setem

pašto ženklas

sempadan

siena

kastam

muitinė

kedutaan

ambasada

visa

viza

pasport

pasas

pengangkutan
transportas

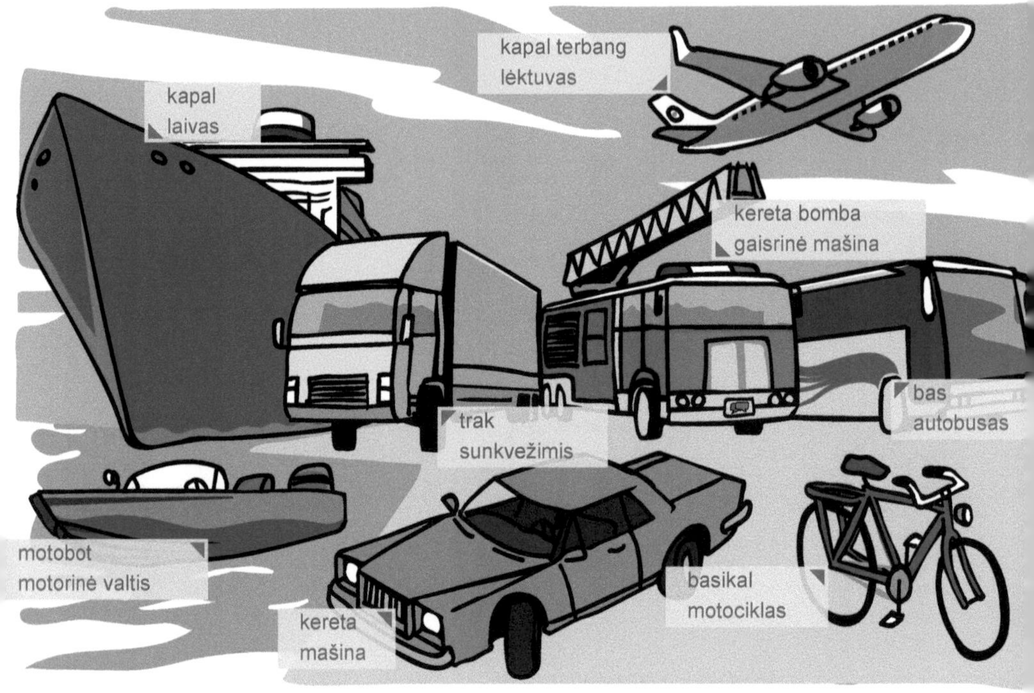
kapal terbang
lėktuvas
kapal
laivas
kereta bomba
gaisrinė mašina
bas
autobusas
trak
sunkvežimis
motobot
motorinė valtis
basikal
motociklas
kereta
mašina

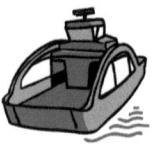

feri

keltas

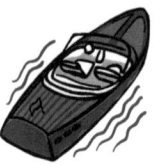

bot

valtis

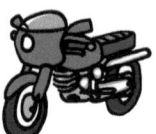

motosikal

mopedas

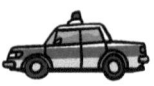

kereta polis

policijos automobilis

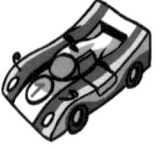

kereta lumba

lenktyninis automobilis

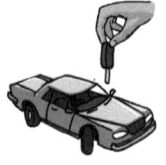

kereta sewa

nuomojamas automobilis

berkongsi kereta
....

bendras automobilio
naudojimas

trak tunda
....

techninės pagalbos
automobilis

trak menolak
....

šiukšliavežė

motor
....

variklis

bahan api
....

degalai

stesen minyak
....

degalinė

tanda trafik
....

kelio ženklas

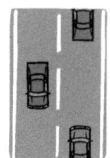

trafik
....

eismas

kesesakan lalu lintas
....

eismo spūstis

tempat parkir
....

mašinų stovėjimo aikštelė

stesen kereta api
....

traukinių stotis

trek
....

bėgiai

kereta api
....

traukinys

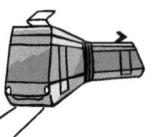

trem
....

tramvajus

gerabak
....

vagonas

helikopter

sraigtasparnis

lapangan terbang

oro uostas

Menara

bokštas

penumpang

keleivis

bekas

konteineris

kadbod

dėžė

kart

vežimėlis

bakul

krepšys

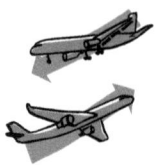

berlepas / mendarat

pakilti / nusileisti

bandar

miestas

kampung

kaimas

pusat bandar

miesto centras

rumah

namas

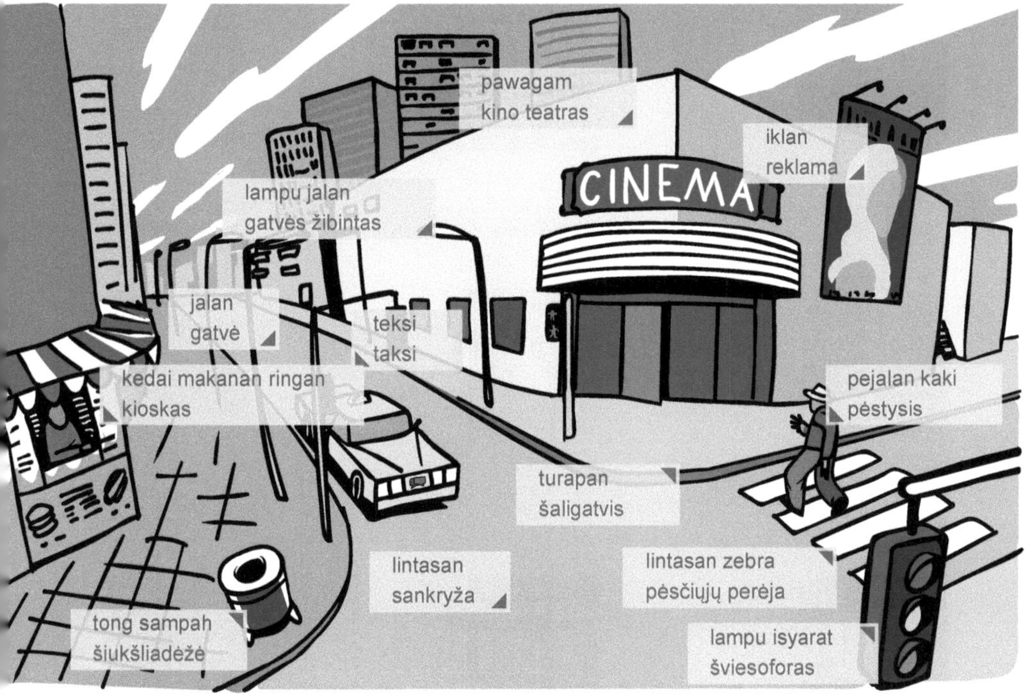
pawagam
kino teatras
iklan
reklama
lampu jalan
gatvės žibintas
jalan
gatvė
teksi
taksi
kedai makanan ringan
kioskas
pejalan kaki
pėstysis
turapan
šaligatvis
lintasan
sankryža
lintasan zebra
pėsčiųjų perėja
tong sampah
šiukšliadėžė
lampu isyarat
šviesoforas
CINEMA

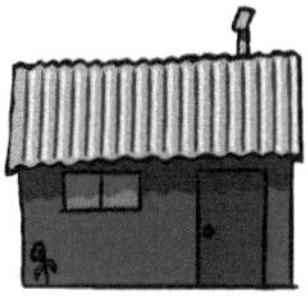

pondok
trobelė

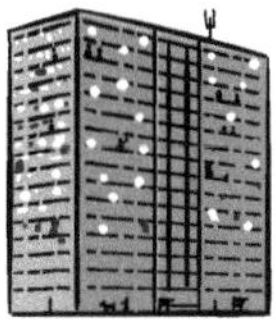

flat
butas

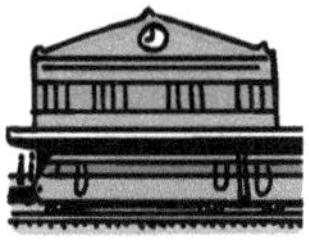

stesen kereta api
traukinių stotis

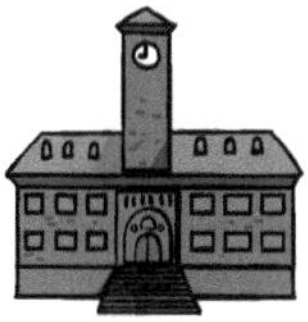

dewan bandar
rotušė

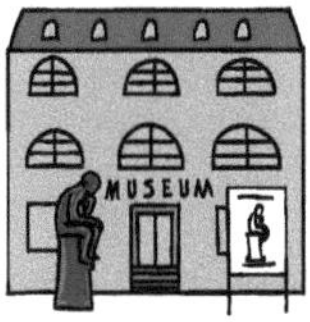
MUSEUM

muzium
muziejus

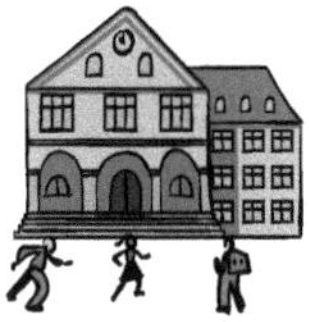

sekolah
mokykla

universiti

universitetas

bank

bankas

hospital

ligoninė

hotel

viešbutis

farmasi

vaistinė

pejabat

biuras

kedai buku

knygynas

kedai

parduotuvė

kedai bunga

gėlių parduotuvė

pasar raya

prekybos centras

pasaran

turgus

gedung

universalinė parduotuvė

penjual ikan

žuvies parduotuvė

pusat membeli-belah

prekybos centras

pelabuhan

uostas

taman
parkas

bangku
suoliukas

jambatan
tiltas

tangga
laiptai

bawah tanah
metro

terowong
tunelis

hentian bas
autobusų stotelė

bar
baras

restoran
restoranas

peti surat
lauko pašto dėžutė

papan tanda jalan
kelio ženklas

meter parkir
parkomatas

zoo
zoologijos sodas

kolam renang
baseinas

masjid
mečetė

ladang

ūkininko ūkis

pencemaran

tarša

tanah perkuburan

kapinės

gereja

bažnyčia

taman permainan

žaidimų aikštelė

kuil

šventykla

landskap
kraštovaizdis

daun
lapas

tiang tanda
kelio rodyklė

jalan
kelias

padang rumput
pieva

batu
akmuo

pejalan kaki
ėjikas

pokok
medis

sungai
upė

rumput
žolė

bunga
gėlė

lembah

slėnis

bukit

kalva

tasik

ežeras

hutan

miškas

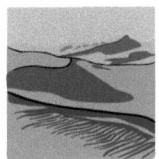

padang pasir

dykuma

gunung berapi

ugnikalnis

istana

pilis

pelangi

vaivorykštė

cendawan

grybas

pokok kelapa sawit

palmė

nyamuk

uodas

terbang

musė

semut

skruzdėlė

lebah

bitė

labah-labah

voras

landskap - kraštovaizdis

kumbang

vabalas

katak

varlė

tupai

voverė

landak

ežys

arnab

kiškis

burung hantu

pelėda

burung

paukštis

angsa

gulbė

babi jantan

šernas

rusa

elnias

moose

briedis

empangan

užtvanka

turbin angin

vėjo jėgainė

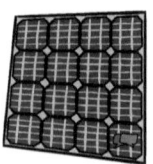

panel solar

saulės baterija

iklim

klimatas

landskap - kraštovaizdis

restoran
restoranas

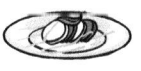

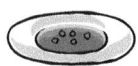

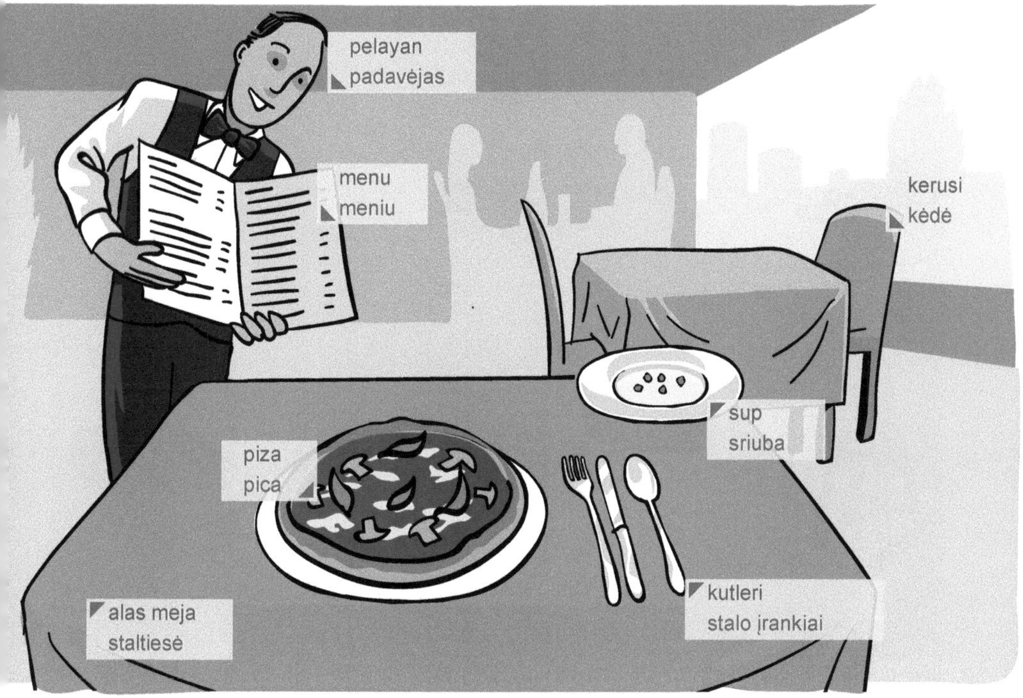
pelayan
padavėjas
menu
meniu
kerusi
kėdė
sup
sriuba
piza
pica
alas meja
staltiesė
kutleri
stalo įrankiai

pemula
užkandis

hidangan utama
pagrindinis patiekalas

pencuci mulut
desertas

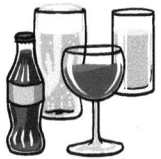

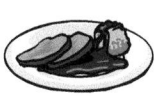

minuman
gėrimai

makanan
maistas

botol
butelis

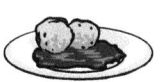

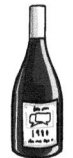

makanan segera

greitai pateikiamas maistas

makanan jalanan

gatvės maistas

teko

arbatinukas

mangkuk gula

cukrinė

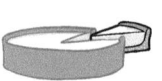

bahagian

porcija

mesin espreso

espreso aparatas

kerusi tinggi

aukšta kėdė

bil

sąskaita

dulang

padėklas

pisau

peilis

garfu

šakutė

sudu

šaukštas

sudu teh

arbatinis šaukštelis

serviette

servetėlė

gelas

stiklinė

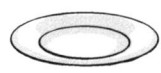

pinggan
lėkštė

mangkuk sup
sriubos lėkštė

piring
padėklas

sos
padažas

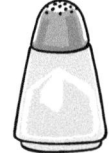

tempat garam
druskinė

pengisar lada
pipirų malūnėlis

cuka
actas

minyak
aliejus

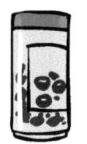

rempah
prieskoniai

sos
kečupas

mustard
garstyčios

mayones
majonezas

pasar raya

prekybos centras

tawaran istimewa
specialus pasiūlymas
pelanggan
pirkėjas
tenusu
pieno produktai
buah-buahan
vaisiai
troli
troleibusas
FOR

BUTCHERS

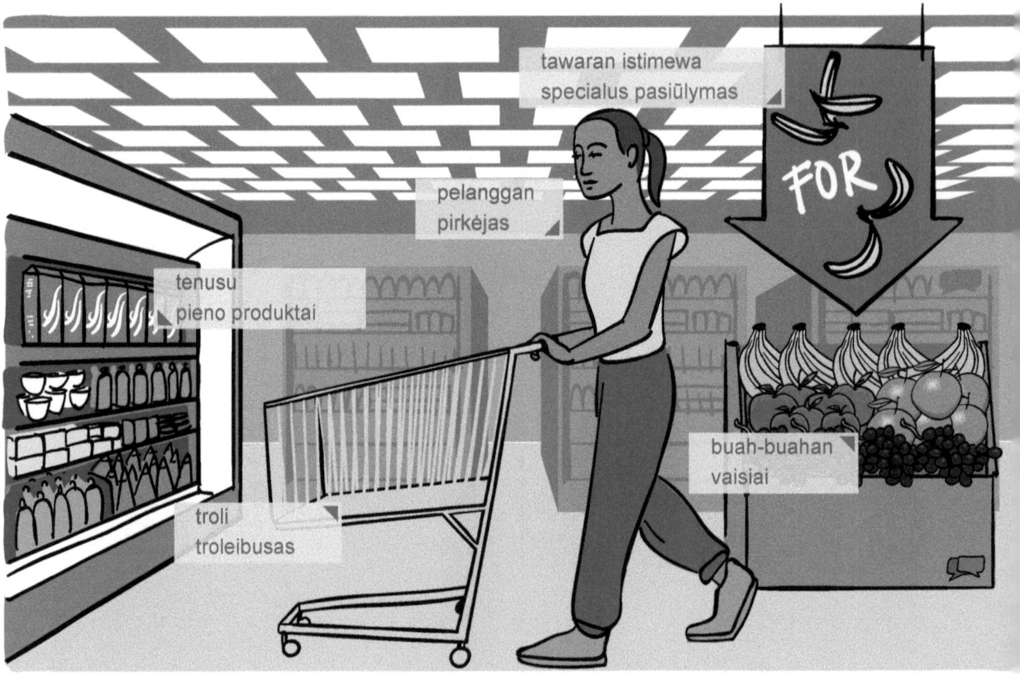

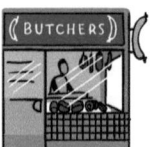

tukang daging

mėsos parduotuvė

BAKERY

kedai roti

kepykla

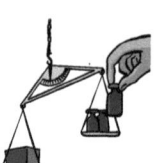

berat

sverti

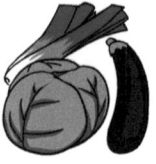

sayur-sayuran

daržovės

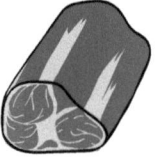

daging

mėsa

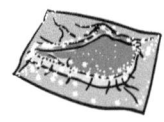

makanan sejuk beku

šaldytas maistas

daging sejuk
šalti mėsos užkandžiai

makanan dalam tin
konservai

serbuk pencuci
skalbimo milteliai

gula-gula
saldumynai

produk isi rumah
ūkinės prekės

produk pembersihan
valymo priemonės

orang jualan
pardavėja

daftar tunai
kasos aparatas

juruwang
kasininkas

senarai membeli-belah
pirkinių sąrašas

waktu pembukaan
darbo valandos

beg duit
piniginė

kad kredit
kreditinė kortelė

beg
maišelis

beg plastik
plastikinis maišelis

air

vanduo

jus

sultys

susu

pienas

kola

kola

wain

vynas

bir

alus

alkohol

alkoholis

koko

kakava

the

arbata

kopi

kava

espreso

espresas

kapucino

kapučinas

pisang
bananas

epal
obuolys

oren
apelsinas

tembikai
arbūzas

lemon
citrina

lobak merah
morka

bawang putih
česnakas

buluh
bambukas

bawang
svogūnas

cendawan
grybas

kacang
riešutai

mi
makaronai

spageti

spagečiai

nasi

ryžiai

salad

salotos

kerepek

traškučiai

kentang goreng

keptos bulvės

piza

pica

hamburger

mėsainis

sandwic

sumuštinis

kutlet

pjausnys

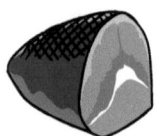

ham

kumpis

salami

saliamis

sosej

dešrelė

ayam

vištiena

panggang

kepsnys

ikan

žuvis

bubur oat

avižų dribsniai

muesli

dribsniai su priedais

emping jagung

kukurūzų dribsniai

tepung

miltai

kroisan

prancūziškasis ragelis

roti roll

bandelė

roti

duona

roti bakar

skrebutis

biskut

sausainiai

mentega

sviestas

dadih

varškė

kek

tortas

telur

kiaušinis

telur goreng

kiaušinienė

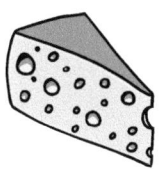

keju

sūris

ais krim

ledai

gula

cukrus

madu

medus

jem

uogienė

krim nougat

tepamas šokoladas

kari

karis

makanan - maistas

ladang
ūkininko ūkis

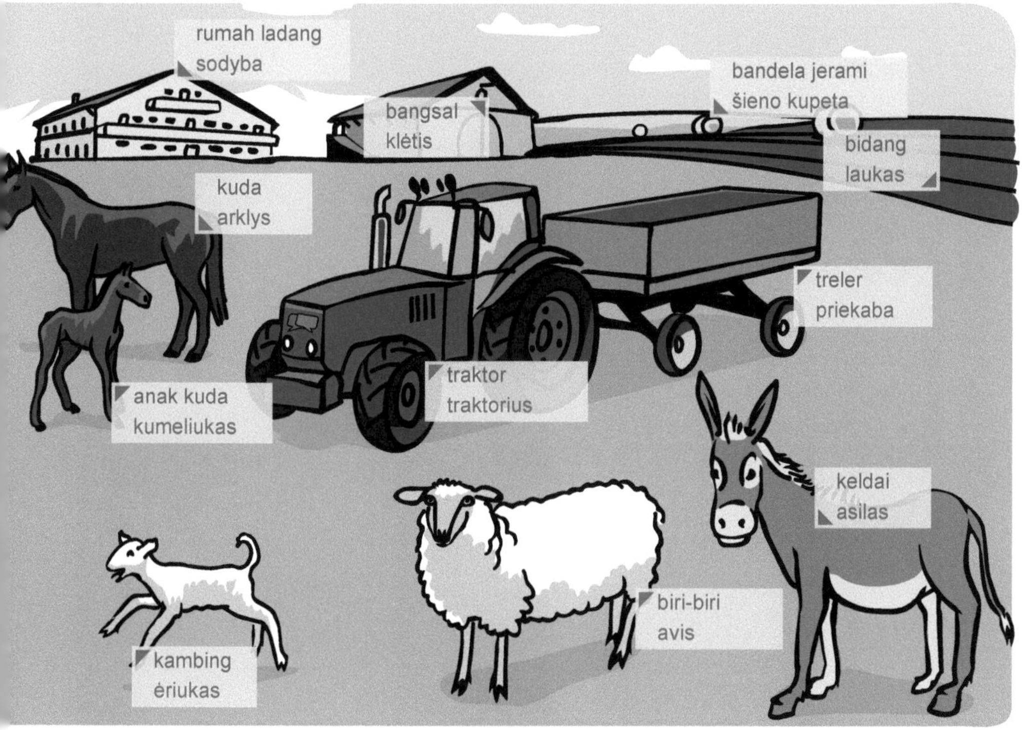

rumah ladang
sodyba
bangsal
klėtis
bandela jerami
šieno kupeta
bidang
laukas
kuda
arklys
treler
priekaba
traktor
traktorius
anak kuda
kumeliukas
keldai
asilas
biri-biri
avis
kambing
ėriukas

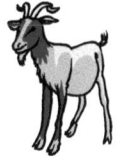

kambing

ožys

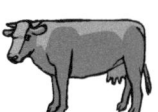

lembu

karvė

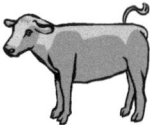

anak lembu

veršis

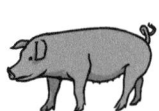

babi

kiaulė

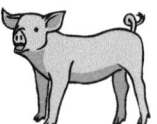

anak babi

paršelis

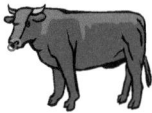

lembu

bulius

angsa

žąsis

itik

antis

anak ayam

viščiukas

ayam betina

višta

ayam jantan muda

gaidys

tikus

žiurkė

kucing

katė

tikus

pelė

lembu jantan

jautis

anjing

šuo

rumah anjing

šuns būda

hos taman

sodo namas

bekas siraman

laistytuvas

sabit

dalgis

bajak

plūgas

sabit
pjautuvas

cangkul
kauptukas

serampang peladang
šakės

kapak
kirvis

kereta sorong
statinė

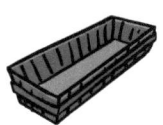

palung
lovys

tin susu
bidonas

karung
maišas

pagar
tvora

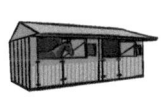

stabil
arklidė

rumah hijau
šiltnamis

tanah
dirva

benih
sėkla

baja
trąšos

jentuai
kombainas

tuai
rinkti

menuai
derlius

keladi
saldžiosios bulvės

gandum
kviečiai

soya
soja

kentang
bulvė

jagung
kukurūzai

biji sawi
rapsai

pokok buah-buahan
vaismedis

ubi kayu
manijokas

bijirin
grūdai

rumah
namas

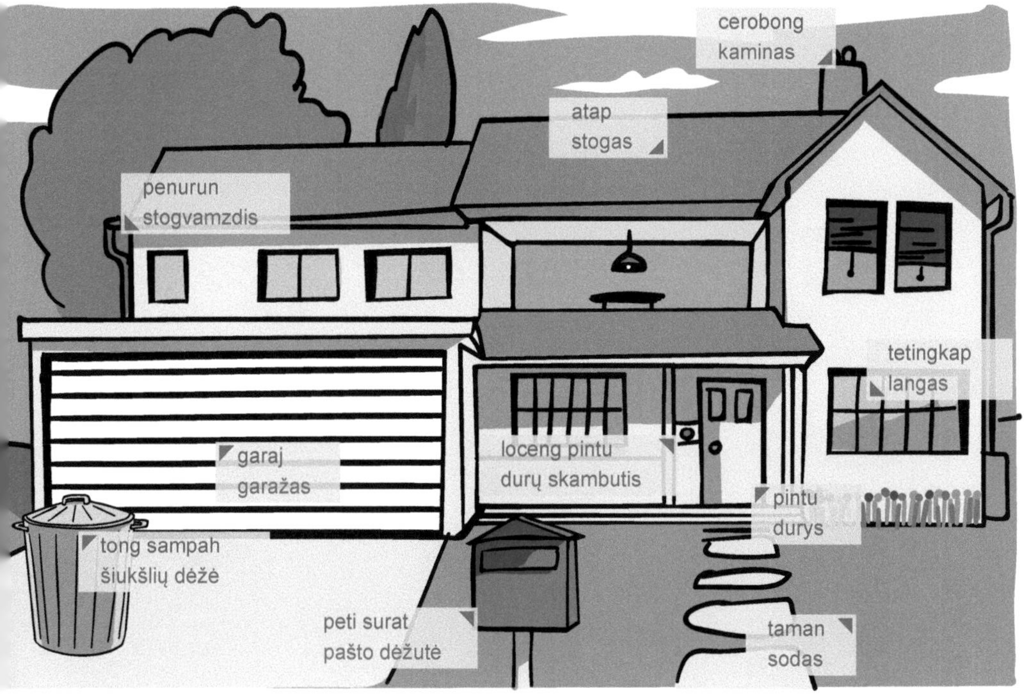
cerobong
kaminas
atap
stogas
penurun
stogvamzdis
tetingkap
langas
garaj
garažas
loceng pintu
durų skambutis
pintu
durys
tong sampah
šiukšlių dėžė
peti surat
pašto dėžutė
taman
sodas

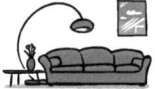

ruang tamu
svetainė

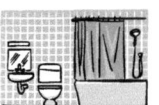

bilik air
vonios kambarys

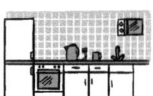

dapur
virtuvė

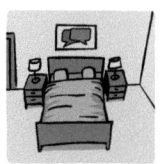

bilik tidur
miegamasis

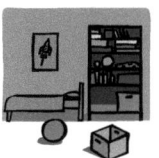

bilik kanak-kanak
vaiko kambarys

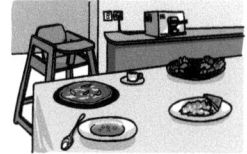

ruang makan
valgomasis

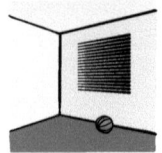

lantai
grindys

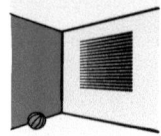

dinding
siena

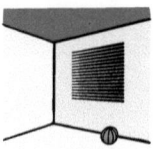

siling
lubos

bilik bawah tanah
rūsys

sauna
sauna

balkoni
balkonas

teres
terasa

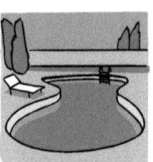

kolam renang
baseinas

pemotong rumput
žoliapjovė

lembaran
paklodė

penutup tilam
lovatiesė

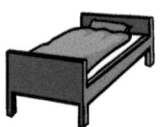

katil
lova

penyapu
šluota

timba
kibiras

suis
jungiklis

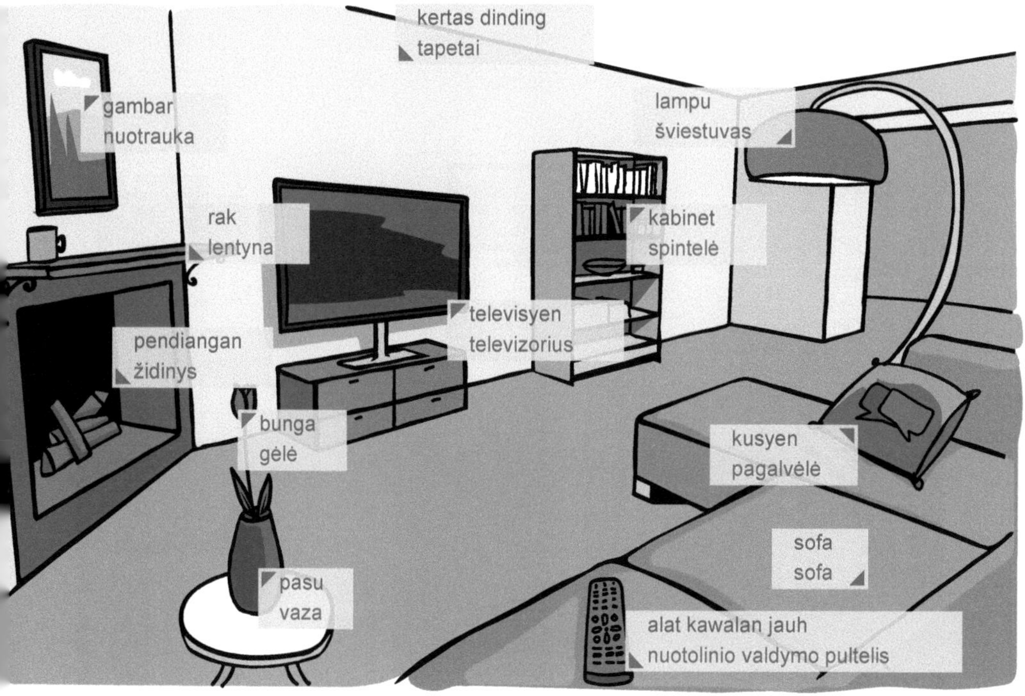

kertas dinding
tapetai

gambar
nuotrauka

lampu
šviestuvas

rak
lentyna

kabinet
spintelė

pendiangan
židinys

televisyen
televizorius

bunga
gėlė

kusyen
pagalvėlė

sofa
sofa

pasu
vaza

alat kawalan jauh
nuotolinio valdymo pultelis

permaidani
kilimas

tirai
užuolaida

meja
stalas

kerusi
kėdė

kerusi malas
supamasis krėslas

kerusi
fotelis

buku
knyga

selimut
antklodė

hiasan
papuošimai

kayu api
malkos

filem
filmas

hi-fi
stereo aparatūra

kunci
raktas

akhbar
laikraštis

lukisan
paveikslas

poster
plakatas

radio
radijas

buku catatan
užrašų knygelė

penyedut habuk
dulkių siurblys

kaktus
kaktusas

lilin
žvakė

dapur
virtuvė

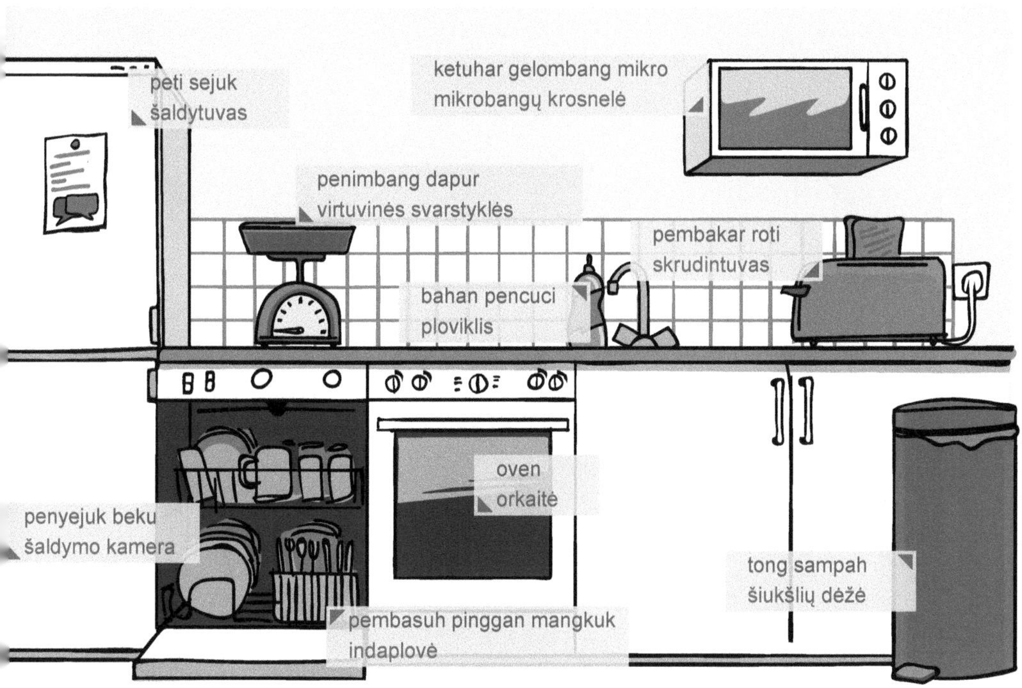
peti sejuk
šaldytuvas
ketuhar gelombang mikro
mikrobangų krosnelė
penimbang dapur
virtuvinės svarstyklės
pembakar roti
skrudintuvas
bahan pencuci
ploviklis
oven
orkaitė
penyejuk beku
šaldymo kamera
tong sampah
šiukšlių dėžė
pembasuh pinggan mangkuk
indaplovė

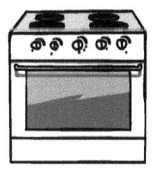

periuk dapur
....
viryklė

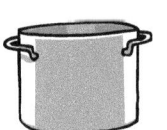

periuk
....
puodas

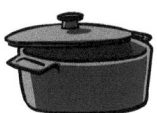

periuk besi
....
ketaus puodas

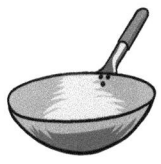

kuali
....
„wok“ keptuvė

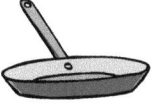

pan
....
keptuvė

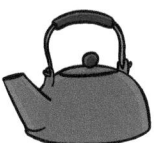

cerek
....
virdulys

pengukus

garų puodas

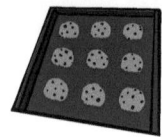

dulang pembakar

kepimo skarda

pinggan mangkuk

porceliano indai

koleh

puodelis

mangkuk

dubuo

penyepit

valgomosios lazdelės

senduk

samtis

spatula

mentelė

pengadun

plaktuvas

penapis

koštuvas

ayak

sietas

pemarut

trintuvė

mortar

grūstuvė

barbeku

kepsninė

pembakaran terbuka

atvira liepsna

papan pencincang

pjaustymo lentelė

pin golekan

kočėlas

skru gabus

kamščiatraukis

tin

skardinė

pembuka tin

skardinių atidarytuvas

pemegang periuk

puodkėlė

sinki

kriauklė

berus

šepetys

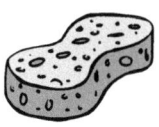

span

kempinė

pengisar

trintuvas

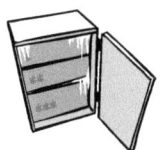

penyejuk beku

šaldiklis

botol bayi

kūdikių buteliukas

paip

čiaupas

bilik air

vonios kambarys

pemanasan
šildymas
tuala
rankšluostis
mandi
dušas
tirai mandi
dušo užuolaidos
mandi buih
vonios putos
tab mandi
vonia
gelas
stiklinė
mesin basuh
skalbimo mašina
paip
čiaupas
jubin
plytelės
tandas
naktinis puodukas
sinki
kriauklė

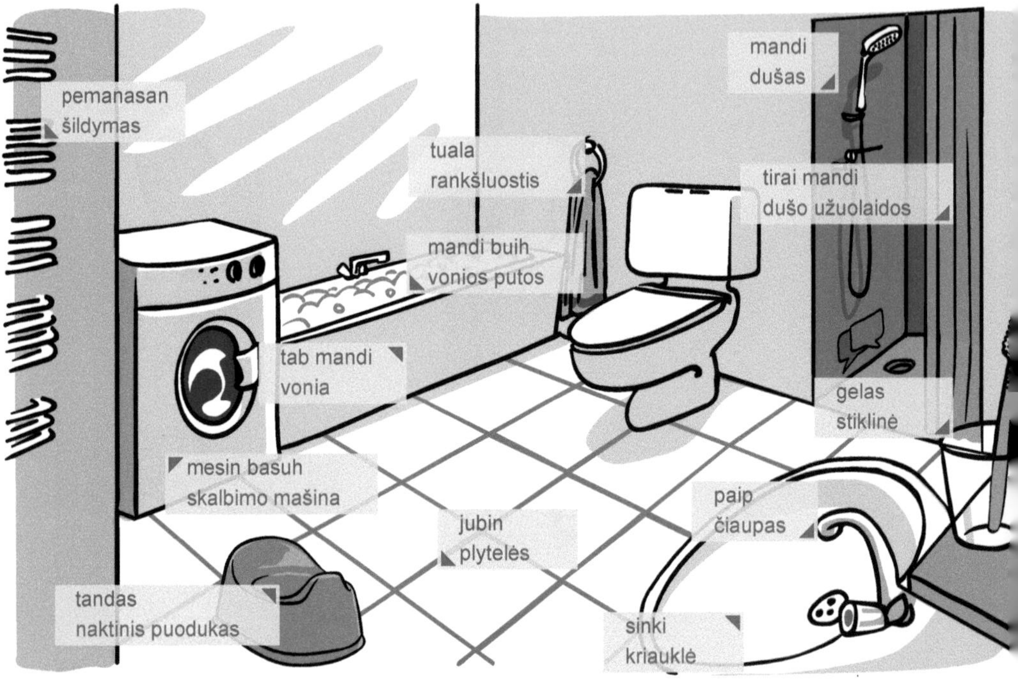

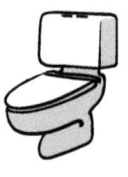

tandas
....
unitazas

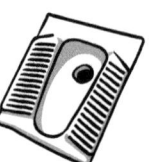

tandas mencangkung
....
tupimasis unitazas

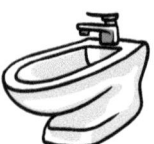

mangkuk tandas
....
bidė

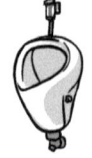

tandas awam
....
pisuaras

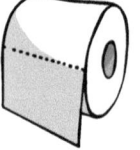

kertas tandas
....
tualetinis popierius

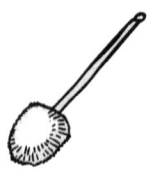

berus tandas
....
unitazo šepetys

berus gigi

dantų šepetėlis

ubat gigi

dantų pasta

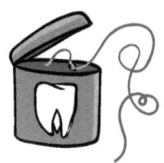

flos gigi

dantų siūlas

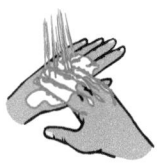

cuci

plauti

mandian tangan

dušo galvutė

pancuran

higieninis dušas

besen

praustuvas

belakang berus

nugaros plaušinė

sabun

muilas

gel mandian

dušo želė

syampu

šampūnas

flanel

plaušinė

longkang

kanalizacija

krim

kremas

deodoran

dezodorantas

cermin

veidrodis

cermin tangan

veidrodėlis

pisau cukur

skustuvas

busa cukur

skutimosi putos

selepas cukur

losjonas po skutimosi

sikat

šukos

berus

šepetys

pengering rambut

plaukų džiovintuvas

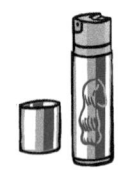

semburan rambut

plaukų lakas

mekap

makiažas

gincu

lūpdažis

varnis kuku

nagų lakas

bulu kapas

vata

gunting kuku

žirklutės nagams

pewangi

kvepalai

bilik air - vonios kambarys

beg basuhan

maišelis skalbiniams

bangku

taburetė

skala berat

svarstyklės

jubah mandi

chalatas

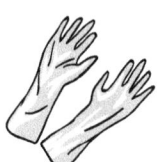

sarung tangan getah

guminės pirštinės

kapas

tamponas

tuala wanita

higieninis įklotas

tandas kimia

biotualetas

bilik kanak-kanak
vaiko kambarys

jam loceng
žadintuvas
mainan kegemaran
pliušinis žaislas
kereta mainan
žaislinė mašinėlė
kerincing bayi
barškutis
rumah anak patung
lėlės namelis
hadiah
dovana

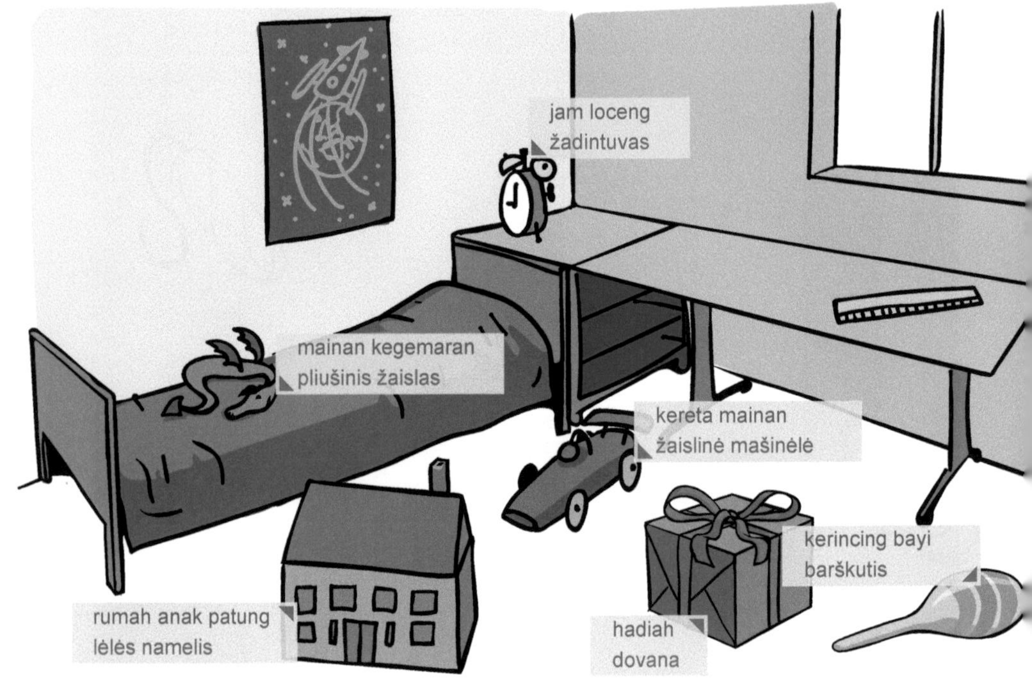

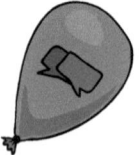

belon
balionas

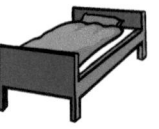

katil
lova

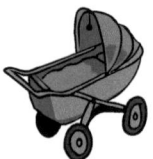

kereta sorong bayi
vaikiškas vežimėlis

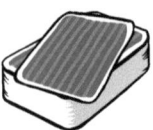

set kad
kortų malka

susun suai gambar
delionė

SUPER MEGA

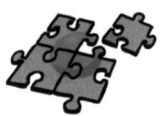

komik
komiksai

batu bata lego

lego kaladėlės

blok mainan

žaislinės kaladėlės

figura aksi

figūrėlė

baju bayi

šliaužtinukai

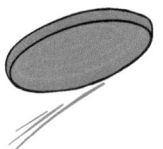

frisbee

mėtymo lėkštė

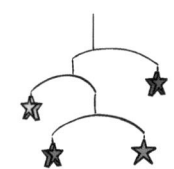

mainan bayi mudah alih

karuselė

permainan papan

stalo žaidimas

dadu

kauliukai

set model kereta api

žaislinis traukinys

palsu

žindukas

parti

vakarėlis

buku bergambar

paveiksliukų knygelė

bola

kamuolys

anak patung

lėlė

main

žaisti

lubang pasir

smėlio dėžė

buai

sūpynės

mainan

žaislai

konsol permainan video

žaidimų konsolė

basikal roda tiga

triratukas

anak patung beruang

meškiukas

almari pakaian

drabužių spinta

pakaian

drabužis

stoking

kojinės

stoking

kojinės virš kelių

ketat

pėdkelnės

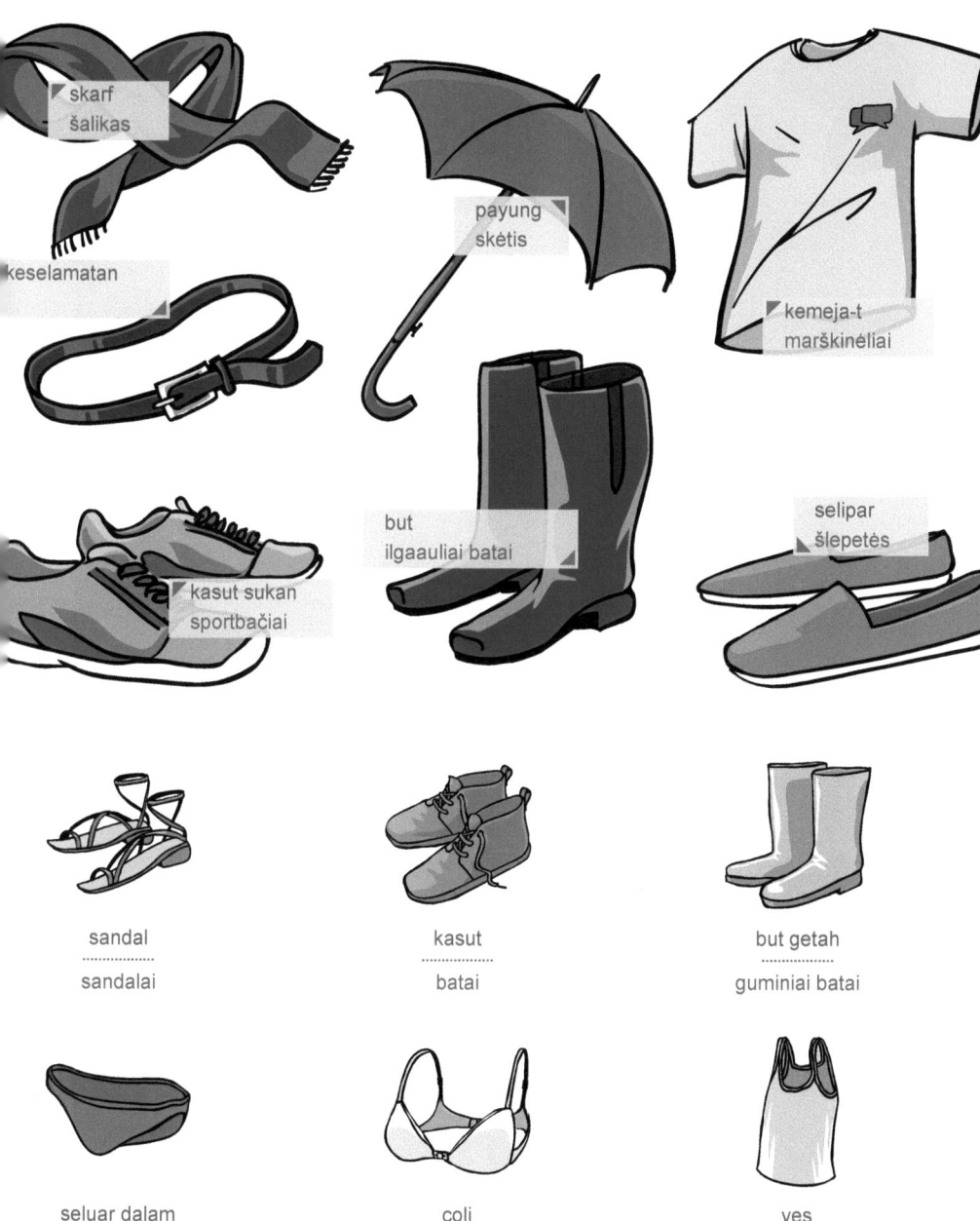

skarf
šalikas

payung
skėtis

kemeja-t
marškinėliai

keselamatan

but
ilgaauliai batai

selipar
šlepetės

kasut sukan
sportbačiai

sandal
sandalai

kasut
batai

but getah
guminiai batai

seluar dalam
trumpikės

coli
liemenėlė

ves
liemenė

badan
glaustinukė

Seluar panjang
kelnės

jean
džinsai

skirt
sijonas

blaus
palaidinė

kemeja
marškiniai

baju panas sarung
megztinis

sweater
megztinis su gobtuvu

blazer
švarkelis

jaket
švarkas

kot
paltas

baju hujan
lietpaltis

kostum
kostiumas

pakaian
suknelė

baju pengantin
vestuvinė suknelė

sut

kostiumas

baju tidur

naktiniai marškiniai

baju tidur

pižama

sari

saris

skarf kepala

skarelė

serban

tiurbanas

burqa

burka

kaftan

kaftanas

abaya/jubah

abaja

baju renang

maudymosi kostiumėlis

seluar renang

glaudės

seluar pendek

šortai

sut balapan

sportinis kostiumas

apron

prijuostė

sarung tangan

pirštinės

butang

saga

cermin mata

akiniai

gelang tangan

apyrankė

rantai leher

vėrinys

cincin

žiedas

subang

auskaras

topi

kepurė

penyangkut kot

pakabas

topi

skrybėlė

tali leher

kaklaraištis

zip

užtrauktukas

topi keledar

šalmas

pendakap

breketai

uniform sekolah

mokyklinė uniforma

seragam

uniforma

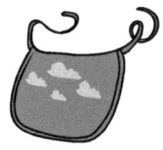

lapik dada

seilinukas

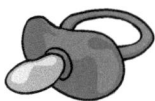

palsu

žindukas

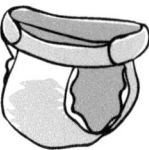

lampin

vystyklai

pejabat
biuras

pelayan
serveris
kabinet fail
dokumentų spinta
mesin pencetak
spausdintuvas
kertas
popierius
monitor
vaizduoklis
meja
rašomasis stalas
tetikus
pelė
folder
aplankas
papan kekunci
klaviatūra
kerusi
kėdė
bakul sampah
šiukšliadėžė
komputer
kompiuteris

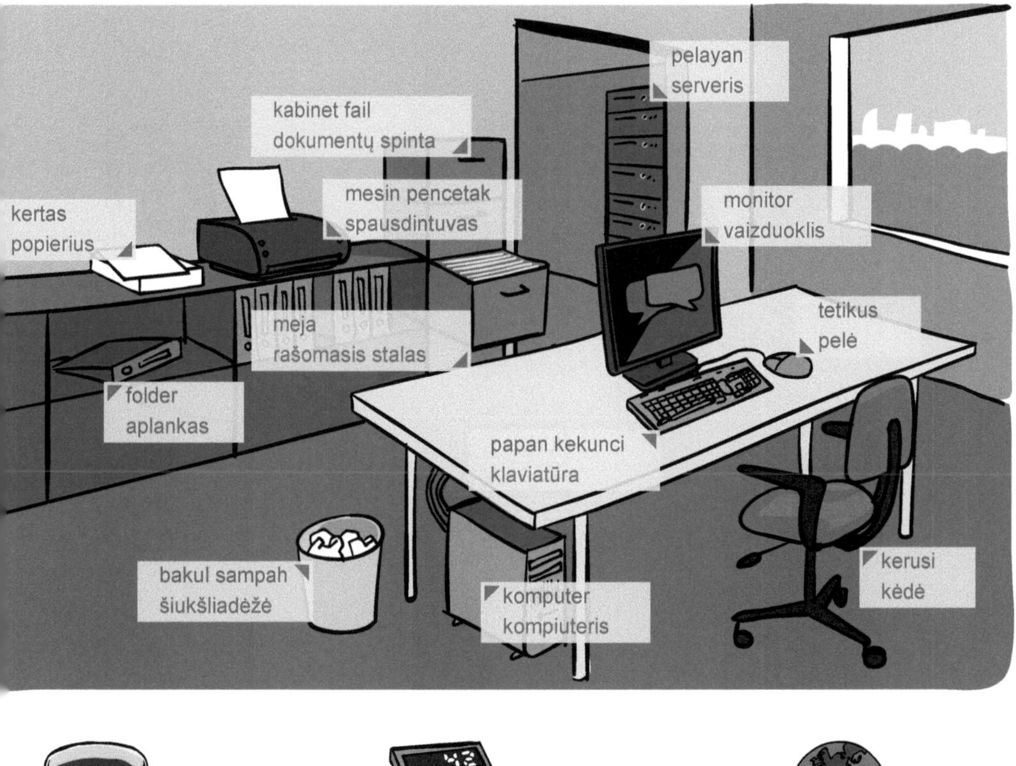

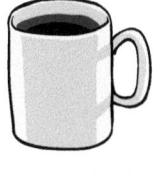

cawan kopi

kavos puodelis

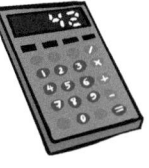

kalkulator

kalkuliatorius

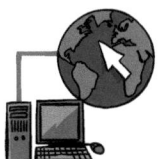

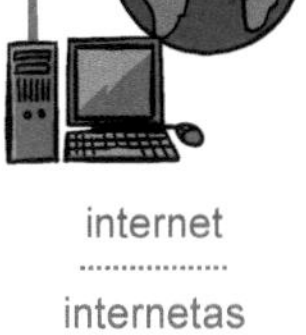

internet

internetas

komputer riba

nešiojamasis kompiuteris

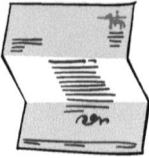

surat

laiškas

mesej

žinutė

mudah alih

mobilusis telefonas

rangkaian

tinklas

mesin fotokopi

fotokopijavimo aparatas

perisian

programinė įranga

telefon

telefonas

soket plag

kištukinis lizdas

mesin faks

faksas

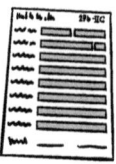

bentuk

forma

dokumen

dokumentas

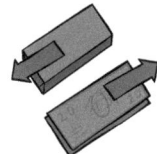

beli
....
pirkti

bayar
....
mokėti

berdagang
....
prekiauti

wang
....
pinigai

dolar
....
doleris

euro
....
euras

yen
....
jena

rubel
....
rublis

franc swiss
....
Šveicarijos frankas

renminbi yuan
....
juanis

rupee
....
rupija

mata tunai
....
bankomatas

pejabat tukaran mata wang

valiutos keitykla

emas

auksas

perak

sidabras

minyak

nafta

tenaga

energija

harga

kaina

kontrak

sutartis

cukai

mokestis

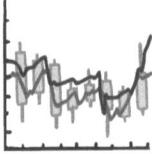

stok

akcijos

kerja

dirbti

pekerja

darbuotojas

majikan

darbdavys

kilang

gamykla

kedai

parduotuvė

ekonomi - ekonomika

pekerjaan
profesijos

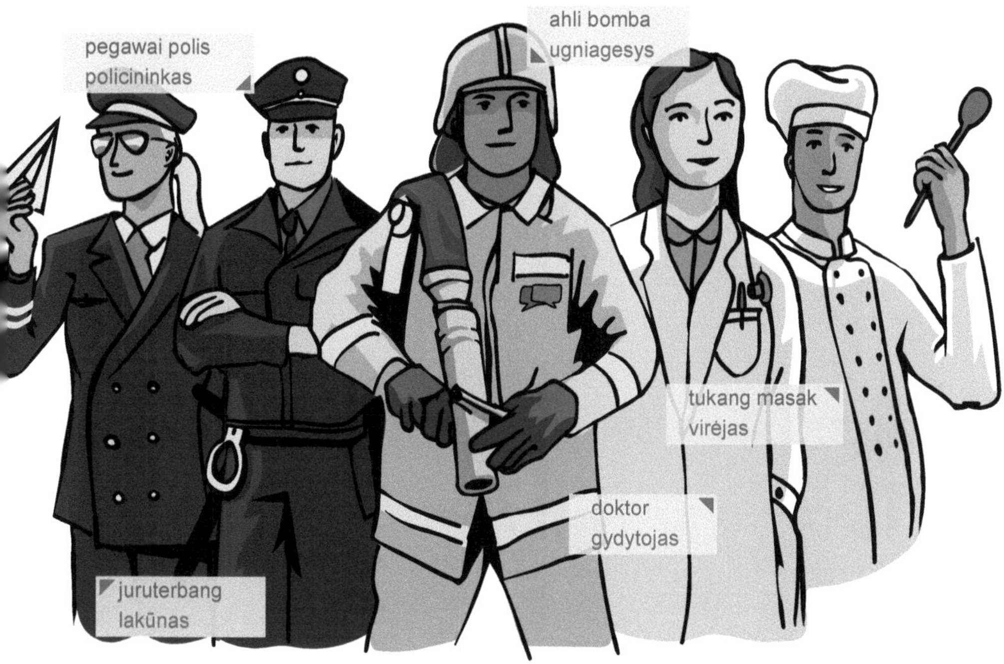
pegawai polis
policininkas
ahli bomba
ugniagesys
tukang masak
virėjas
doktor
gydytojas
juruterbang
lakūnas

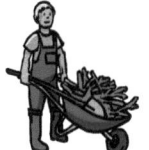

tukang kebun
sodininkas

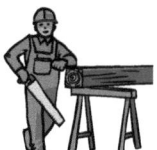

tukang kayu
stalius

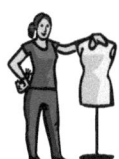

tukang jahit
siuvėja

hakim
teisėjas

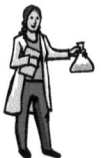

ahli kimia
chemikas

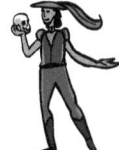

pelakon
aktorius

pemandu bas

autobuso vairuotojas

pemandu teksi

taksi vairuotojas

nelayan

žvejys

wanita pencuci

valytoja

kasau

stogdengys

pelayan

padavėjas

pemburu

medžiotojas

pelukis

dailininkas

bakeri

kepėjas

juruelektrik

elektrikas

pembangun

statybininkas

jurutera

inžinierius

penjual daging

mėsininkas

tukang paip

santechnikas

posmen

paštininkas

askar
kareivis

arkitek
architektas

juruwang
kasininkas

kedai bunga
gėlininkas

pendandan rambut
kirpėjas

konduktor
konduktorius

mekanik
mechanikas

kapten
kapitonas

doktor gigi
odontologas

ahli sains
mokslininkas

tuhanku
rabinas

imam
imamas

sami
vienuolis

paderi
kunigas

alat

įrankiai

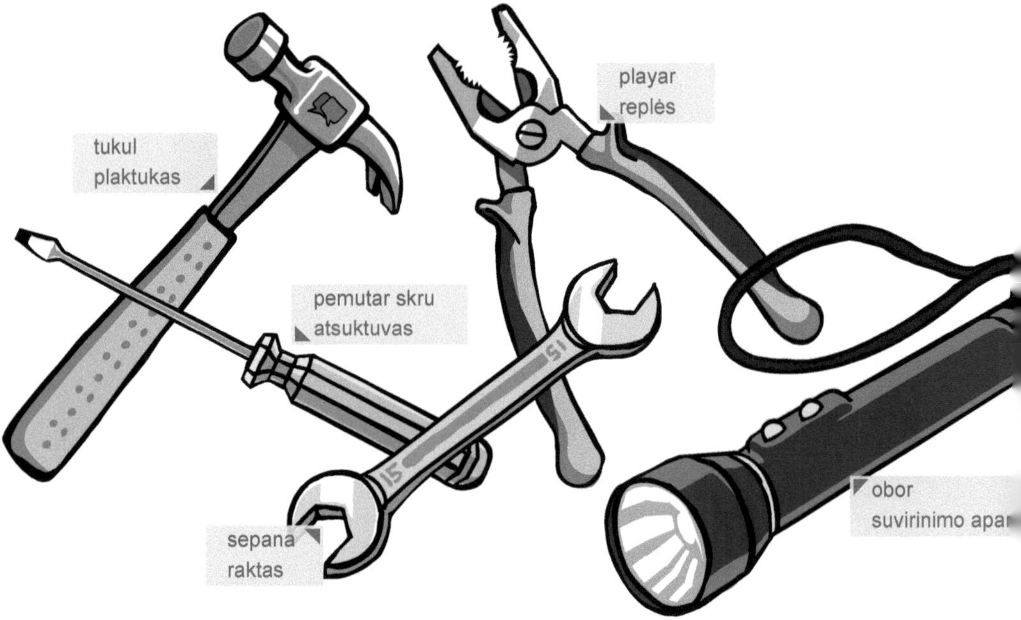
tukul
plaktukas
playar
replės
pemutar skru
atsuktuvas
sepana
raktas
obor
suvirinimo apar

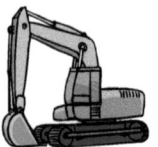

pengorek

ekskavatorius

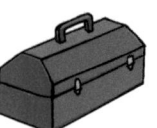

kotak peralatan

įrankių dėžė

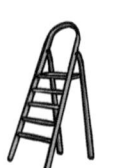

tangga

kopėčios

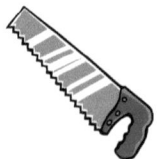

gergaji

pjūklas

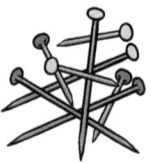

kuku

vinys

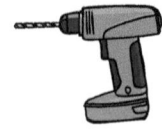

gerudi

grąžtas

baiki
....
taisyti

penyodok
....
kastuvas

Celaka!
....
Velniava!

penadah sampah
....
semtuvėlis

periuk cat
....
dažų skardinė

skru
....
varžtai

alat muzik

muzikos instrumentai

perangkat dram
būgnų rinkinys

pembesar suara
garsiakalbis

gitar
gitara

bass berganda
kontrabosas

trompet
trimitas

piano

pianinas

biola

smuikas

bass

bosinė gitara

timpani

timpanas

dram

būgnai

papan kekunci

sintezatorius

saksofon

saksofonas

seruling

fleita

mikrofon

mikrofonas

zoologijos sodas

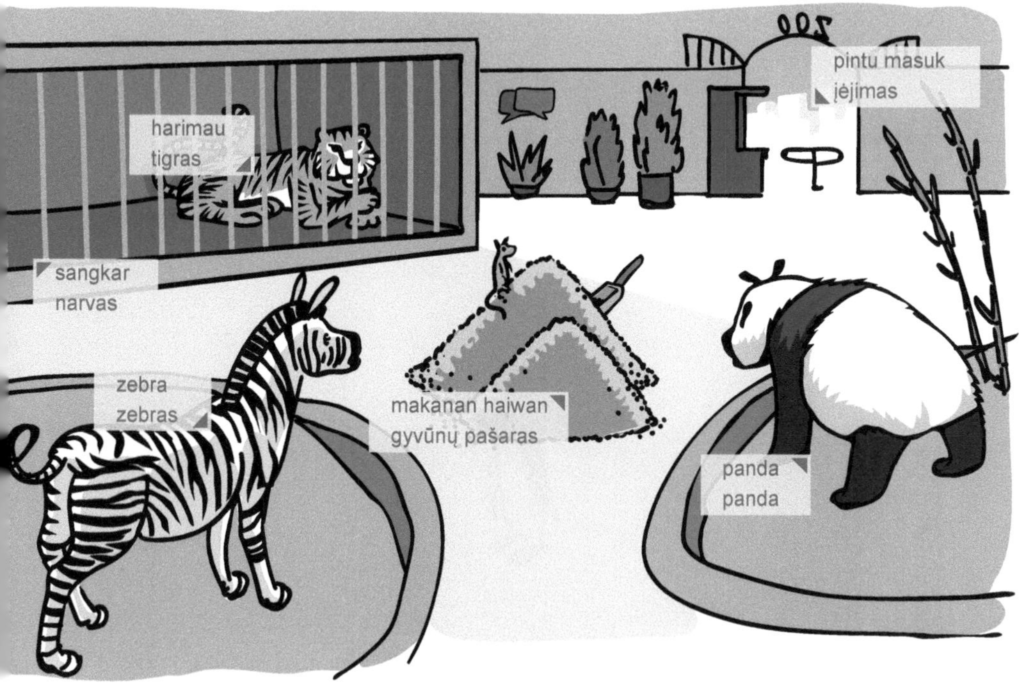

pintu masuk
įėjimas
harimau
tigras
sangkar
narvas
zebra
zebras
makanan haiwan
gyvūnų pašaras
panda
panda

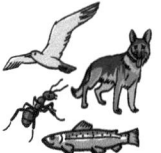

haiwan
gyvūnai

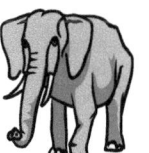

gajah
dramblys

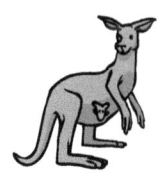

kanggaru
kengūra

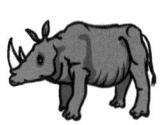

badak sumbu
raganosis

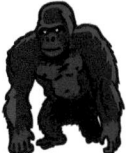

gorila
gorila

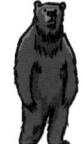

beruang
meška

unta

kupranugaris

burung unta

strutis

singa

liūtas

monyet

beždžionė

flamingo

flamingas

nuri

papūga

beruang kutub

baltoji meška

penguin

pingvinas

yu

ryklys

merak

povas

ular

gyvatė

buaya

krokodilas

penjaga zoo

zoologijos sodo prižiūrėtojas

anjing laut

ruonis

jaguar

jaguaras

zoo - zoologijos sodas

kuda

ponis

harimau

leopardas

badak air

begemotas

zirafah

žirafa

helang

erelis

babi jantan

šernas

ikan

žuvis

penyu

vėžlys

anjing laut

vėplys

musang

lapė

rusa

gazelė

bola sepak Amerika
amerikietiškas futbolas

berbasikal
dviračių sportas

tenis
tenisas

bola keranjang
krepšinis

renang
plaukimas

tinju
boksas

hoki ais
ledo ritulys

bola sepak
futbolas

badminton
badmintonas

olahraga
atletika

bola baling
rankinis

ski
slidinėjimas

polo
polas

lompat
šokinėti

peluk
apkabinti

ketawa
juoktis

berjalan
vaikščioti

menyanyi
dainuoti

mimpi
svajoti

berdoa
melstis

cium
bučiuoti

tulis
rašyti

lukis
piešti

tunjuk
rodyti

tolak
stumti

beri
duoti

ambil
imti

ada

turėti

buat

daryti

ialah

būti

berdiri

stovėti

lari

bėgti

tarik

traukti

buang

mesti

jatuh

kristi

tipu

meluoti

tunggu

laukti

bawa

nešti

duduk

sėdėti

pakai

rengtis

tidur

miegoti

bangkit

pabusti

lihat pada

žiūrėti

menangis

verkti

strok

glostyti

sikat

šukuoti

cakap

kalbėti

faham

suprasti

tanya

paklausti

dengar

klausytis

minum

gerti

makan

valgyti

mengemas

tvarkytis

sayang

mylėti

masak

gaminti

pandu

vairuoti

terbang

skristi

belayar
buriuoti

kira
skaičiuoti

baca
skaityti

belajar
mokytis

kerja
dirbti

nikah
vesti

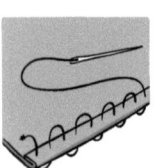

jahit
siūti

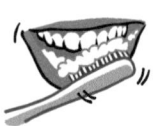

memberus gigi
valytis dantis

bunuh
žudyti

asap
rūkyti

hantar
siųsti

keluarga
šeima

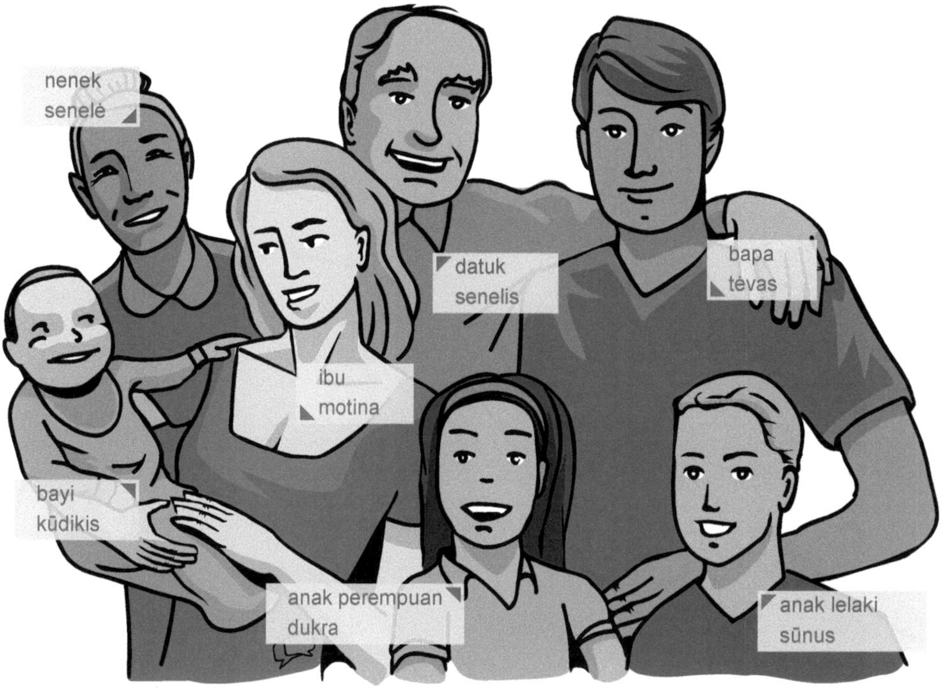
nenek
senelė
datuk
senelis
bapa
tėvas
ibu
motina
bayi
kūdikis
anak perempuan
dukra
anak lelaki
sūnus

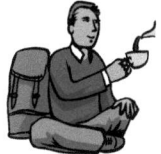

tetamu
svečias

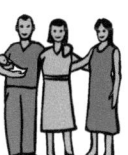

mak cik
teta

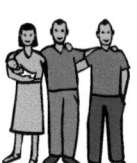

pak cik
dėdė

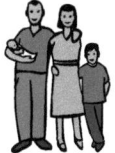

abang
brolis

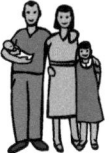

kakak
sesuo

badan
kūnas

dahi
kakta
mata
akis
bahu
petys
jari
pirštas
muka
veidas
dagu
smakras
tangan
plaštaka
kaki
koja
dada
krūtinė
lengan
ranka

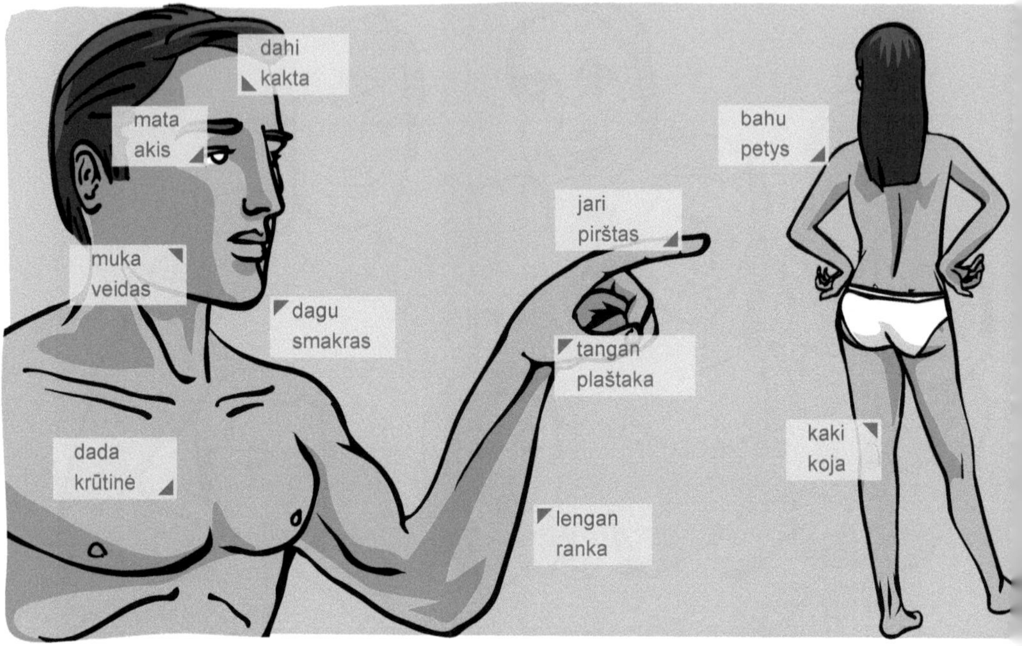

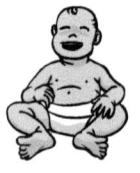

bayi

kūdikis

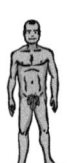

lelaki

vyras

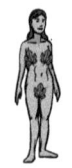

wanita

moteris

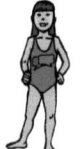

perempuan

mergaitė

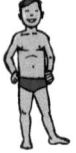

lelaki

berniukas

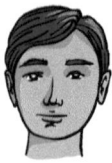

kepala

galva

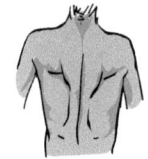

belakang
nugara

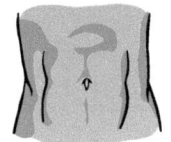

bawah perut
pilvas

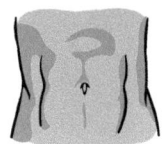

pusat
bamba

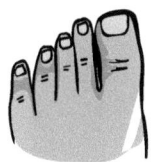

jari kaki
kojos pirštas

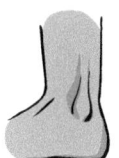

tumit
kulnas

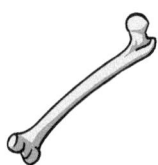

tulang
kaulas

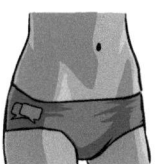

pinggul
klubas

lutut
kelis

siku
alkūnė

hidung
nosis

bawah
sėdmenys

kulit
oda

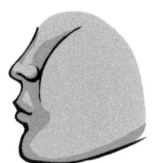

pipi
skruostas

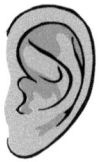

telinga
ausis

bibir
lūpa

mulut

burna

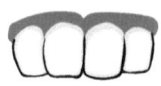

gigi

dantis

lidah

liežuvis

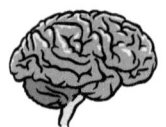

otak

smegenys

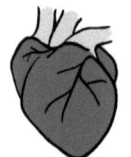

hati

širdis

otot

raumuo

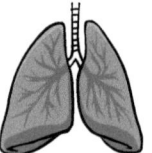

paru-paru

plaučiai

hati

kepenys

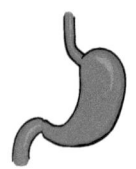

perut

skrandis

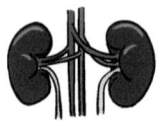

buah pinggang

inkstai

seks

seksas

kondom

prezervatyvas

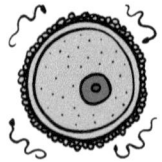

faraj

kiaušialąstė

mani

sperma

mengandung

nėštumas

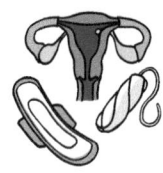

haid
menstruacijos

faraj
makštis

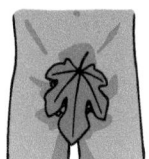

penis
varpa

kening
antakis

rambut
plaukai

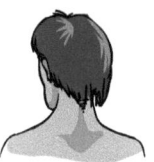

leher
kaklas

hospital
ligoninė

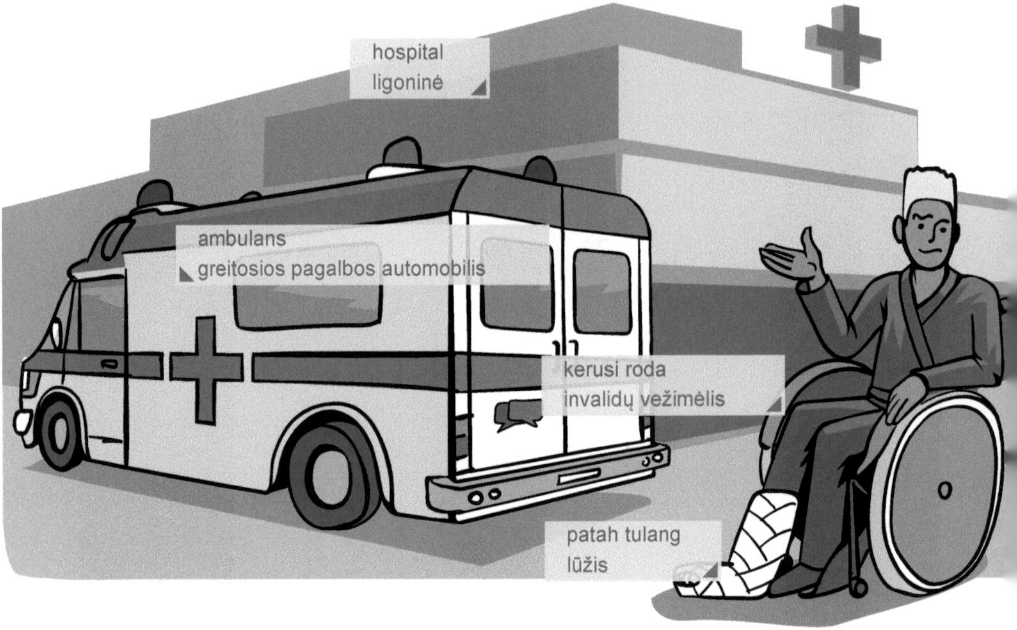

hospital
ligoninė
ambulans
greitosios pagalbos automobilis
kerusi roda
invalidų vežimėlis
patah tulang
lūžis

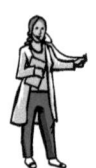

doktor

gydytojas

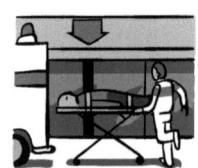

bilik kecemasan

skubios pagalbos skyrius

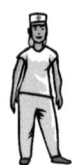

jururawat

slaugytoja

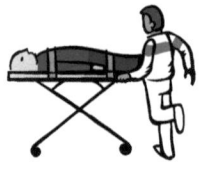

kecemasan

nelaimingas atsitikimas

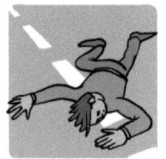

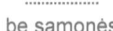

tak sedar

be sąmonės

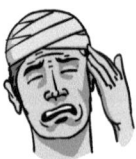

sakit

skausmas

kecederaan

sužalojimas

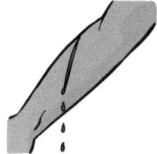

pendarahan

kraujavimas

serangan jantung

širdies smūgis

strok

insultas

alergi

alergija

batuk

kosulys

demam

karščiavimas

selesema

gripas

cirit-birit

viduriavimas

sakit kepala

galvos skausmas

kanser

vėžys

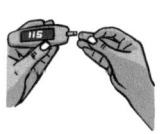

diabetes

diabetas

pakar bedah

chirurgas

pisau bedah

skalpelis

pembedahan

operacija

CT

KT

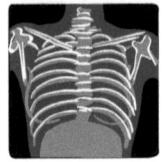

x-ray

rentgenas

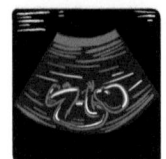

ultrabunyi

ultragarsas

topeng muka

veido kaukė

penyakit

liga

bilik menunggu

laukiamasis

penongkat

ramentas

plaster

gipsas

pembalut

tvarstis

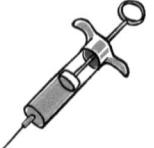

suntikan

injekcija

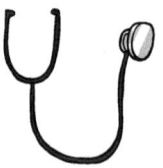

stetoskop

stetoskopas

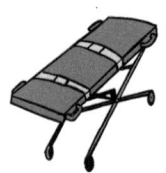

pengusung

neštuvai

termometer klinik

termometras

kelahiran

gimimas

berat badan berlebihan

antsvoris

alat pendengaran

klausos aparatas

disinfektan

dezinfekavimo priemonė

jangkitan

infekcija

virus

virusas

HIV / AIDS

ŽIV / AIDS

perubatan

vaistas

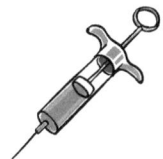

vaksinasi

skiepijimas

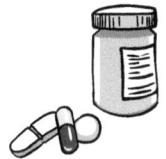

tablet

tabletės

pil

piliulė

panggilan kecemasan

kubios pagalbos numeris

pantau tekanan darah

kraujospūdžio matuoklis

sakit / sihat

ligotas / sveikas

Tolong!

Padėkite!

penggera

pavojaus signalas

serang

užpuolimas

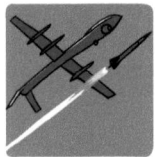

serangan

ataka

bahaya

pavojus

pintu kecemasan

avarinis išėjimas

Api!

Gaisras!

alat pemadam api

gesintuvas

kemalangan

nelaimingas atsitikimas

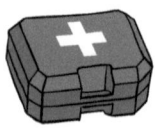

alat pertolongan cemas

pirmosios pagalbos rinkinys

SOS

SOS

polis

policija

Eropah
....
Europa

Amerika Utara
....
Šiaurės Amerika

Amerika Selatan
....
Pietų Amerika

Afrika
....
Afrika

Asia
....
Azija

Australia
....
Australija

Atlantic
....
Atlanto vandenynas

Pasifik
....
Ramusis vandenynas

Lautan Hindi
....
Indijos vandenynas

Lautan Antartik
....
Pietų vandenynas

Lautan Artik
....
Arkties vandenynas

Kutub utara
....
Šiaurės ašigalis

Kutub Selatan

Pietų ašigalis

Antartika

Antarktida

bumi

Žemė

tanah

sausuma

laut

jūra

pulau

sala

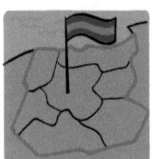

negara

tauta

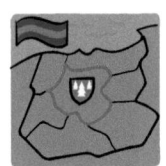

negeri

valstybė

muka jam
ciferblatas

tangan jam
valandinė rodyklė

tangan minit
minutinė rodyklė

terpakai
sekundinė rodyklė

Jam berapa sekarang
Kiek valandų?

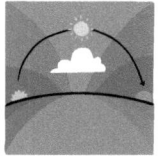

hari
diena

masa
laikas

sekarang
dabar

jam digital
skaitmeninis laikrodis

minit
minutė

jam
valanda

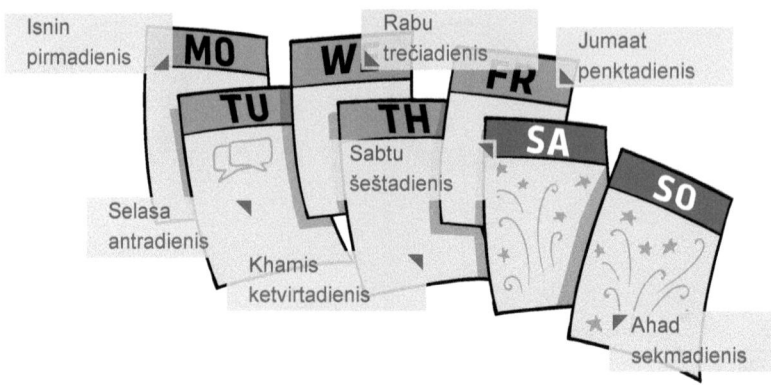

Isnin — pirmadienis
Rabu — trečiadienis
Jumaat — penktadienis
Sabtu — šeštadienis
Selasa — antradienis
Khamis — ketvirtadienis
Ahad — sekmadienis

semalam
vakar

hari ini
šiandien

esok
rytoj

pagi
rytas

tengah hari
vidurdienis

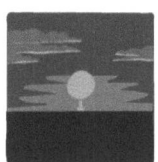

petang
vakaras

MO	TU	WE	TH	FR	SA	SU
1	2	3	4	5	6	7
8	9	10	11	12	13	14
15	16	17	18	19	20	21
22	23	24	25	26	27	28
29	30	31	1	2	3	4

hari kerja
darbo dienos

MO	TU	WE	TH	FR	SA	SU
1	2	3	4	5	6	7
8	9	10	11	12	13	14
15	16	17	18	19	20	21
22	23	24	25	26	27	28
29	30	31	1	2	3	4

hari minggu
savaitgalis

tahun
metai

hujan
lietus
pelangi
vaivorykštė
salji
sniegas
angin
vėjas
musim bunga
pavasaris
musim luruh
ruduo
musim panas
vasara
musim salji
žiema

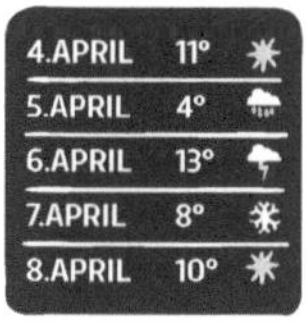

4.APRIL 11°
5.APRIL 4°
6.APRIL 13°
7.APRIL 8°
8.APRIL 10°

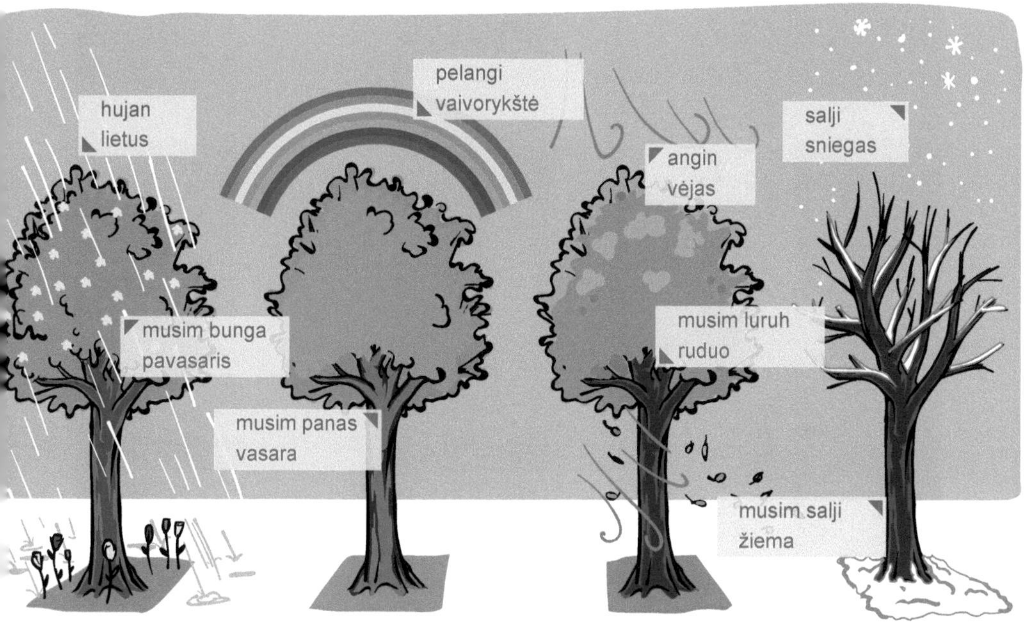

ramalan cuaca

orų prognozė

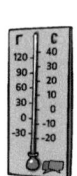

termometer

lauko termometras

sinar matahari

saulės šviesa

awan

debesis

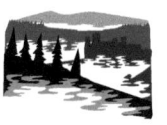

kabus

rūkas

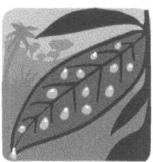

lembapan

drėgmė

kilat

žaibas

petir

griaustinis

ribut

audra

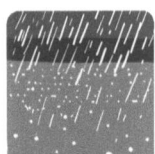

hujan batu

kruša

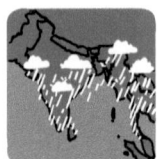

monsun

musonas

banjir

potvynis

ais

ledas

Januari

sausis

Februari

vasaris

Mac

kovas

April

balandis

Mei

gegužė

Jun

birželis

Julai

liepa

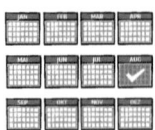

Ogos

rugpjūtis

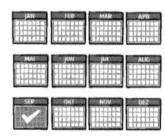

September
....
rugsėjis

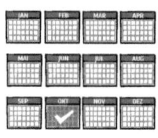

Oktober
....
spalis

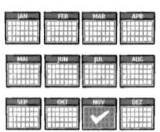

November
....
lapkritis

Disember
....
gruodis

bentuk
formos

bulatan
....
apskritimas

petak
....
kvadratas

segi empat tepat
....
stačiakampis

segitiga
....
trikampis

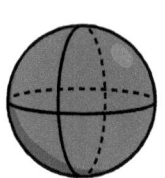

sfera
....
sfera

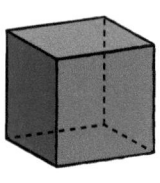

kiub
....
kubas

putih

balta

kuning

geltona

oren

oranžinė

merah jambu

rožinė

merah

raudona

ungu

violetinė

biru

mėlyna

hijau

žalia

coklat

ruda

kelabu

pilka

hitam

juoda

banyak / sedikit

daug / mažai

marah / tenang

piktas / ramus

cantik / hodoh

gražus / bjaurus

bermula / tamat

pradžia / pabaiga

besar kecil

didelis / mažas

terang / gelap

šviesus / tamsus

abang / kakak

brolis / sesuo

bersih / kotor

švarus / purvinas

lengkap / tidak lengkap

užbaigtas / neužbaigtas

hari / malam

diena / naktis

mati / hidup

miręs / gyvas

luas / sempit

platus / siauras

boleh dimakan / tidak boleh dimakan
....
valgomas / nevalgomas

jahat / baik
....
piktas / malonus

teruja / bosan
....
linksmas / nuobodus

gemuk / kurus
....
storas / plonas

pertama / terakhir
....
pirmiausia / paskiausia

kawan / musuh
....
draugas / priešas

penuh / kosong
....
pilnas / tuščias

keras / lembut
....
kietas / minkštas

berat / ringan
....
sunkus / lengvas

lapar / dahaga
....
alkis / troškulys

sakit / sihat
....
ligotas / sveikas

menyalahi undang-undang / undang-undang
....
nelegalus / legalus

pintar / bodoh
....
protingas / kvailas

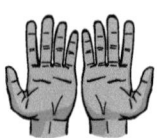

kiri / kanan
....
kairė / dešinė

dekat / jauh
....
arti / toli

baru / lama

naujas / naudotas

tiada / sesuatu

niekas / kažkas

tua / muda

senas / jaunas

hidup / mati

įjungta / išjungta

terbuka / tertutup

atidaryta / uždaryta

diam / bising

tylus / garsus

kaya / miskin

turtingas / vargšas

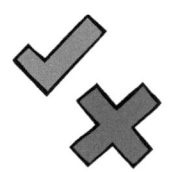

betul / salah

teisus / neteisus

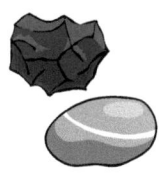

kasar / halus

šiurkštus / švelnus

sedih / gembira

liūdnas / laimingas

pendek / panjang

trumpas / ilgas

lambat / laju

lėtas / greitas

basah / kering

drėgnas / sausas

panas / sejuk

šiltas / šaltas

berperang / berdamai

karas / taika

0

sifar

nulis

1

satu

vienas

2

dua

du

3

tiga

trys

4

empat

keturi

5

lima

penki

6

enam

šeši

7

tujuh

septyni

8

lapan

aštuoni

9

sembilan

devyni

10

sepuluh

dešimt

11

sebelas

vienuolika

12

dua belas

dvylika

13

tiga belas

trylika

14

empat belas

keturiolika

15

lima belas

penkiolika

16

enam belas

šešiolika

17

tujuh belas

septyniolika

18

lapan belas

aštuoniolika

19

Sembilan belas

devyniolika

20

dua puluh

dvidešimt

100

ratus

šimtas

1.000

ribu

tūkstantis

1.000.000

juta

milijonas

Bahasa Inggeris

anglų

Bahasa Inggeris Amerika

amerikiečių anglų

Bahasa Cina Mandarin

kinų (mandarinų)

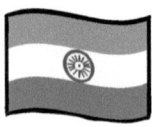

Bahasa Hindi

hindi

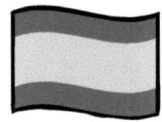

Bahasa Sepanyol

ispanų

Bahasa Perancis

prancūzų

Bahasa Arab

arabų

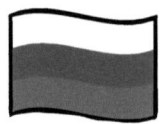

Bahasa Rusia

rusų

Bahasa Portugis

portugalų

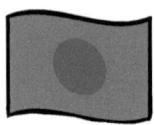

Bahasa Benggali

bengalų

Bahasa Jerman

vokiečių

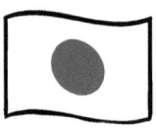

Bahasa Jepun

japonų

saya
aš

anda
tu

dia / dia / ia
jis / ji

kita
mes

anda
jūs

mereka
jie

siapa?
kas?

apa?
ką?

bagaimana?
kaip?

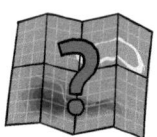

di mana?
kur?

bila?
kada?

nama
vardas

belakang
....
už

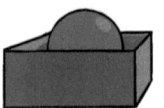

dalam
....
kur (vieta)

di hadapan
....
priešais

lebih
....
virš

pada
....
ant

di bawah
....
po

bersebelahan
....
prie

antara
....
tarp

tempat
....
vieta